GW01398791

Sigr.

Eine neue Möglichkeit,
Menschen zu betrachten?

WORTE DER AUTORIN:

Angefangen hat die ganzen Geschichte mit der neuen Möglichkeit, Menschen zu betrachten mit einer Begegnung einer jungen Dame bei einer Zugfahrt. Ich beobachtete und betrachtete sie. Dabei fielen mir ihre Hände auf. In weiterer Folge fing ich an jahrelang bei jeder Gelegenheit, die sich bot, Hände, insbesondere Daumen zu begutachten und zu vergleichen, mit vorliegendem Ergebnis. Es war eine spannende, interessante und aufschlussreiche Angelegenheit. Das hat mir bei meiner späteren Tätigkeit (Leitung Personalabteilung) sehr geholfen. Ich hoffe, dass dies den Leser*Innen ebenso viel Spaß und Freude bringt.

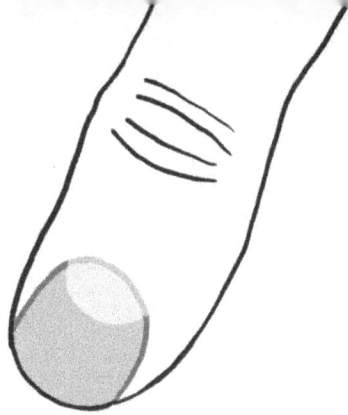

SIGRID MAYER

Eine **neue Möglichkeit**, **Menschen** zu betrachten?

**Bibliografische Information
der Deutschen Nationalbibliothek**
Die Deutsche Nationalbibliothek verzeichnet diese Publika-
tion in der Deutschen Nationalbibliografie; detaillierte bibliografische Daten sind im Internet über dnb.dnb.de abrufbar.

Die automatisierte Analyse des Werkes, um daraus Informationen insbesondere über Muster, Trends und Korrelationen
gemäß §44b UrhG („Text und Data Mining") zu gewinnen, ist
untersagt.

© 2024 Sigrid Mayer

Verlag: BoD · Books on Demand GmbH,
In de Tarpen 42, 22848 Norderstedt

Druck: Libri Plureos GmbH, Friedensallee 273, 22763 Hamburg

ISBN: 978-3-7597-4097-7

INHALT

EIN HERZLICHES DANKESCHÖN

Ich danke allen, die an dem Entstehen dieses Skriptums beteiligt waren, besonderen Dank aussprechen möchte ich meinem Bruder Bernhard Mayer, welcher die vielen Fotografien der Hände und Daumen für die Studie machte und mich bestärkte, meine Erkenntnisse aufzuzeichnen, sowie meiner Schwester D.I.(FH) Greti Dengkeng, welche die Zeichnungen erstellte.

Herrn Dr. Jürgen Schneider, welcher an mich und – meine Arbeit glaubte und mir hilfreich durch – moralischen und fachlichen Rückhalt zur Seite stand. Er bestätigte mich in meiner Arbeit und machte mir Mut weiterzumachen.

Und – last but not least – Frau Irmgard Wenzel, welche ich anlässlich eines Seminars kennen lernen durfte. Sie überprüfte meine Idee und führte mich mit Geduld und ihrer Erfahrung zu diesem Skriptum.

1 ALLGEMEIN

Die Hand kann vieles – greifen, tasten, fühlen, halten, stützen, drohen, streicheln, usw., aber sie kann uns auch vieles zeigen.

Die Handinnenfläche, mit ihren vielen Haupt- und Nebenlinien, mit ihren Fältchen, Querrillen, Quadraten und vielem mehr, spiegelt nicht nur unser Leben, sondern auch unsere Veranlagungen wider. Bestandteile der Hand sind die Finger und der Daumen. Über die Bedeutung bzw. Aussagekraft der Finger ist bereits viel erkannt und berichtet worden, deshalb widme ich mich dem Daumen.

Der Daumen dient im normalen Leben vorwiegend zum Halten von allen möglichen Dingen und bildet das Gegenstück zu den Fingern. Versuchen Sie nur einmal einen Kugelschreiber ohne Daumen zu halten und schreiben Sie dann damit, öffnen Sie eine Flasche, ohne den Daumen zu benutzen, nehmen Sie Messer oder Gabel, ohne den Daumen zu gebrauchen, und essen Sie dann. Sie werden dabei zum Akrobaten.

Der Daumen hat noch eine viel größere Bedeutung. In der Kriminalistik ist er nicht mehr wegzudenken (Feststellen der Identität, Einmaligkeit des Daumenabdruckes), obwohl die Forschung sich intensiv weiterentwickelt und großartige Möglichkeiten des Erkennens und Identifizierens geschaffen hat.

Darüber hinaus kann man auch die Charaktereigenschaften und Veranlagung eines Menschen am Daumen erkennen, wie die Inhaltsangabe eines Romans oder Theaterstückes.

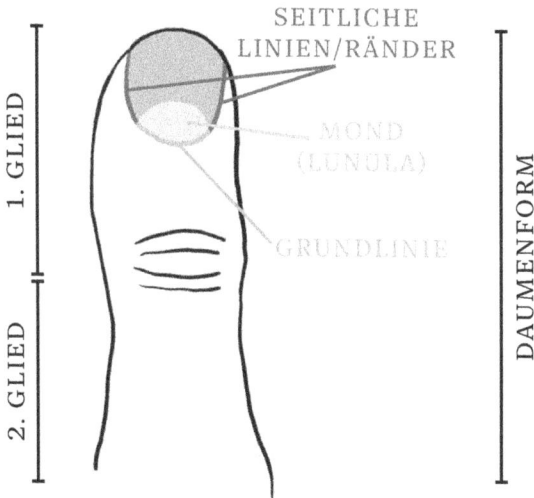

2 (Selbst)Erkennen der Charaktereigenschaften anhand des Daumens

Wie gerne würden Sie manches Mal mehr über einen Menschen erfahren, den Sie soeben getroffen haben, den Sie nicht kennen, von dem Sie einfach nichts wissen. Was verbirgt sich in ihm/ihr?

Vielleicht sitzen Sie gemütlich in einem Kaffeehaus oder verbringen Ihre Mittagspause in einem Restaurant, und ebendort begegnen Sie jemandem, der oder die Sie einfach fasziniert, aber den oder die Sie nicht einschätzen können.

Sie wissen, dass Sie eine gute Menschenkenntnis haben, aber vollkommen sicher sind Sie sich doch nicht. Sie kramen in Ihrem Gedächtnis, was Sie schon alles so gehört und gelesen haben, aber so ganz reicht es nicht.

Ein Gespräch anfangen? Das ist auch nicht Ihre Sache.

Vielleicht denken Sie auch an einen Persönlichkeitstest, den Sie irgendwann in Ihrem Leben gemacht haben und den Sie nun gerne dieser Person vorlegen würden, damit Sie etwas mehr erfahren.

Neben Intelligenztests und Beurteilung nach Körpersprache gibt es noch weitere Möglichkeiten, einen Menschen zu charakterisieren. Eine davon ist die Antlitzdiagnose, die sich auf die äußeren Merkmale eines Menschen stützt. Haben Sie schon einmal ein Antlitzdiagnose-Seminar besucht? Es ist sehr beeindruckend, welche Aussagekraft diese Diagnostik in sich hat.

Jeder Mensch ist ein Individuum, aber jeder Mensch hat seine spezifischen Eigenschaften. Diese lassen sich nicht verschleiern oder verstecken – auch wenn Sie Schminke auf Ihr Gesicht auflegen oder sich einen Vollbart wachsen lassen. Die noch einsehbaren Kennzeichen reichen durchaus für eine Beschreibung. Wenn es nur so einfach wäre, all die feinen und kleinen Abweichungen beim Ohr, bei der Nase, bei den Wangen, den Lippen, usw. zu sehen und einzuordnen, aber genau die sind es, welche die Einzelheiten ausmachen. Je genauer man diese Details erkennt, umso besser kann man den anderen Menschen einschätzen.

Es ist nicht gut oder schlecht, richtig oder falsch, was man an einer Person findet, sondern es gibt Stärken und Schwächen. Schwächen können verbessert, Stärken noch zusätzlich gefördert werden. Jeder Mensch hat viele Eigenschaften in sich vereint. Auch wenn das Leben es vielleicht nicht immer gut gemeint hat, so gibt es immer eine Chance, sich zu verändern. Dies geht umso besser, wenn man die eigenen Schwächen wirklich erkennt oder aufgezeigt bekommt.

Es gibt viele Abhandlungen über die Einflüsse von Umwelt, Erziehung, Elternhaus, Beruf, usw. auf den jeweiligen Menschen und trotzdem kann man sich auch selber erziehen und sich selbst bewusst verändern. Meist ist es der Fall, dass man einen anderen Menschen braucht, der den nötigen Schubs in die richtige Richtung gibt. Manchmal muss der Schubs halt auch etwas kräftiger ausfallen, dafür kann er umso hilfreicher sein. Wichtig ist, dass man solche Hilfestellungen auch annimmt. Kritik muss nicht zerstören, Kritik kann durchaus positiv, konstruktiv und hilfreich sein. Diese Kritik ist eigentlich keine Kritik, sondern nur das Aufzeigen der Realität. Sie zeigt, wie es ist.

3 DIE NEUE MÖGLICHKEIT

Eine andere, neue Möglichkeit ist das Erkennen eines Menschen durch Betrachten des Daumens respektive des Daumennagels.

Wie oft haben Sie schon jemandem die Hand gegeben? Haben die Hände des anderen bei einem Gespräch beobachtet. Gesehen und wahrgenommen wird meist die Form der Hand, gepflegt oder nicht, und die Festigkeit des Händedrucks. Fühlt sich die Haut weich und warm an, oder ist sie hart und kalt, ist sie verschwitzt? Dies kann sofort wahrgenommen und realisiert werden.

Ein gutes Beispiel ist hier das Bewerbungsgespräch.

Je nach Vorgabe der Aufgabe empfinden Sie die Situation als angenehm und fühlen sich sicher, wissen, was von Ihnen erwartet bzw. was gewollt wird, und haben sich darauf vorbereitet. Es kann natürlich auch sein, dass Sie als Fremder in eine Umgebung kommen, die Sie nicht kennen, die für Sie neu ist, wo Sie nicht wissen, was genau passiert und wer Sie erwartet.

Nehmen wir zunächst die Situation an, dass Sie einen Job zu vergeben haben. Eine Dame oder ein Herr kommt zu Ihnen, um sich vorzustellen und mit Ihnen ein Bewerbungsgespräch zu führen. Für Sie bedeutet dies nun, einen Menschen aus einer Gruppe von Bewerbern/Bewerberinnen auszuwählen, der/die für Sie und Ihre Firma optimal ist, den Anforderungen des Jobs entspricht, sich durchsetzen kann, aber auch teamfähig ist, da er als Vorgesetzte*r einer Mitarbeitergruppe eingesetzt werden soll. Der jeweiligen Position wird die entsprechende Eigenverantwortung zugeschrieben – als Vorgesetzte*r einer Gruppe eben auch das Delegieren von Arbeit, das Überprüfen der geleisteten Arbeit, die Berichtspflicht an Sie bzw. an die Geschäftsleitung.

Sie treffen nun Ihren Bewerber*in und Sie haben einen ersten Eindruck.

Dieser Eindruck kann vielfältig sein – Sie können hier alle möglichen Eigenschaften, die Sie einem Menschen zuordnen können, selber einfügen. Das geht von positiv, beeindruckend, adrett, ordentlich, freundlich, schüchtern, sicher, … bis negativ, nichtssagend, schlampig, … Die Auswahl ist umfangreich.

Wir gehen nun einmal davon aus, dass das Gespräch positiv verläuft, der/die Bewerber*in zeigt sich sicher, freundlich, erfüllt die von Ihnen gestellten Anforderungen und passt auch zu den Kollegen.

Sie haben nun die Möglichkeit, Ihren erhaltenen Eindruck und Ihre aufgrund des geführten Gespräches erhaltenen Informationen sich selber zu bestätigen.

Betrachten Sie den Daumen!

Und genauso haben Sie in umgekehrter Position als Bewerber*in die Möglichkeit, Ihre*n vielleicht zukünftige*n Vorgesetzte*n zu erkennen.

Betrachten Sie den Daumen!

Bei jeder Gelegenheit, sei es bei einem Seminar, einer Abendveranstaltung, einer Betriebsfeier oder auch einer Party – Sie haben überall die Möglichkeit, die Daumen Ihrer Mitmenschen zu betrachten!

HINWEIS
In Bezug auf lange Daumennägel muss beachtet werden, dass diese die Optik verzerren, man kürzt deshalb geistig die Überlänge des Nagels.

Zunächst geht es darum zu lernen, welche Formen sich unterscheiden, und in weiterer Folge darum, einen Blick für die Details zu erhalten. Zu Beginn sehen eigentlich die meisten Daumen ziemlich gleich aus. Die unterschiedlichen Formen haben jedoch eine unterschiedliche Aussagekraft. Welche Aussage mit welchem Daumen verbunden ist, erfahren Sie noch.

Bitte nicht vergessen – jeder Mensch ist ein Individuum, jeder Mensch ist anders.

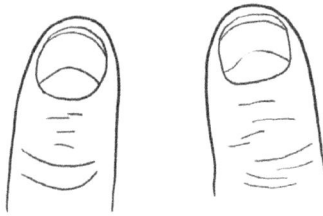

Abb.1

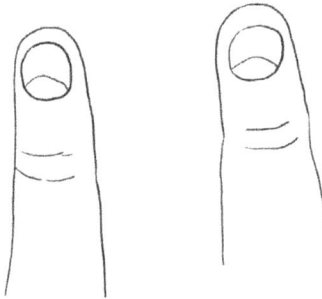

Abb.2

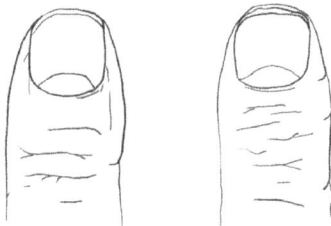

Abb.3

Durch die Abb. 1-3 haben Sie die ersten unterschiedlichen Formen kennen gelernt.

Die zu den Formen gehörenden detaillierten Aussagen finden Sie in der Zusammenfassung im Anhang.

ANMERKUNG:

Welche Aussage mit welchem Daumen verbunden ist, finden Sie in der Beschreibung der Formen. Dies gilt für alle Abbildungen.

Sollten Sie selber in weiterer Zukunft anfangen, die Daumen Ihrer Mitmenschen zu beobachten, dann werden Sie feststellen, dass sich die Formen oft wiederholen.

Mit der Zeit werden Sie immer sicherer, und ein richtigeres Erkennen Ihrer Mitmenschen wird zur Selbstverständlichkeit. Wie oft wurden Menschen schon vorverurteilt, weil man einen spontanen Eindruck bei vielleicht widrigen Umständen erhalten hat. Der andere war genervt oder hat gerade eine schlechte Nachricht erhalten, in seiner Arbeit Probleme oder eine mittelschwere Krise zu Hause. Die Reaktionen sind dann entsprechend.

Jeder Mensch als Individuum hat seine spezifischen Eigenschaften, Talente, Fähigkeiten, Vorzüge, aber auch Schwächen. Das Betrachten des Daumens hilft Ihnen dabei, diese zu erkennen.

Manche Menschen empfinden es als eine Glanzleistung, einen Nagel in die Wand zu schlagen, was für andere selbstverständlich ist. Dafür ist es für diese wahrscheinlich undenkbar, einen Artikel für eine Zeitung zu verfassen oder wissenschaftliche Arbeiten zu erbringen. Es geht darum zu erkennen: Welche Person ist für welches Gebiet geeignet, wofür hat sie Talent, welche Tätigkeit entspricht auch den Vorstellungen des Gegenübers?

Wenn Sie einen handwerklich geschickten Menschen ins Büro setzen, dann wird dieser unter Umständen daran zerbrechen. Verlangen Sie aber von keinem Büromenschen, den ganzen Tag in einer Werkstatt zu stehen.

Es bedarf sicher einer gewissen Übung, bis Sie die Sicherheit der richtigen Beurteilung erlernt haben. Wenn Sie unsicher sind, verlassen Sie sich am Anfang doch auch auf Ihre Menschenkenntnis.

4 ÄHNLICHKEITEN

Abb. 4a und 4b zeigen Daumen, die fast gleich aus-
schauen. Trotzdem handelt es sich um zwei vollkommen
verschiedene Personen – einen Mann und eine Frau. Un-
glaublich, aber wahr. Diese beiden Menschen sind auch
nicht miteinander verwandt.

Abb. 4a

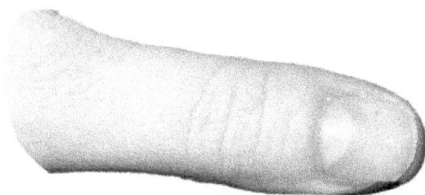

Abb. 4b

Wenn Sie Abb. 5a, 5b und 5c betrachten, so können Sie sehen, dass es sich um sehr ähnliche, ja fast gleiche Formen handelt. Genau genommen sind es Vater, Sohn und Enkel, wobei jedoch der Sohn nicht der Vater des Enkels ist. Es ist verblüffend, welche Ähnlichkeit hier sichtbar ist. Grundsätzlich handelt es sich um sehr liebenswerte Menschen, die eine ruhige, gutmütige Ausstrahlung haben, dabei jedoch ihr eigenes Ego nicht vergessen.

Unter Abb. 6a und 6b sehen Sie die Eltern des Enkels, wobei hier der Vater aus einer anderen Kultur stammt.

Ein weiteres Beispiel für Ähnlichkeiten zeigen Abb. 7–9, Mutter (Abb. 7), Tochter (Abb. 8) und Sohn (Abb. 9), in diesem Fall zeigen die Geschwister Ähnlichkeiten, sowohl zueinander als auch zur Mutter.

Betrachten Sie im Gegensatz dazu Abb. 5b und Abb. 6b, es handelt sich ebenfalls um Geschwister, welche jedoch keine Ähnlichkeiten aufweisen.

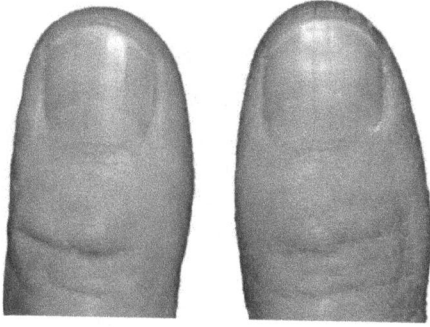

Abb. 5a, Vater

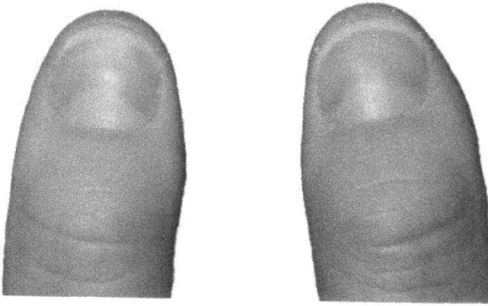

Abb. 5b, Sohn

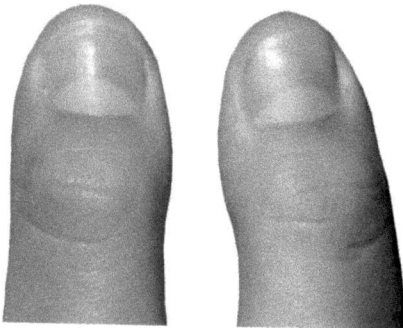

Abb. 5c, Enkel

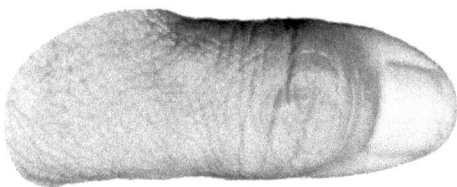

Abb. 6a, Vater des Enkels

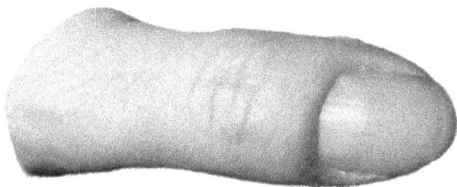

Abb. 6b, Mutter des Enkels

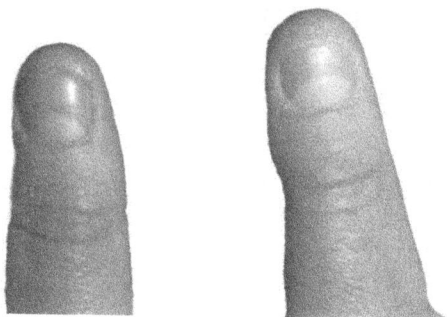

Abb. 7, Mutter

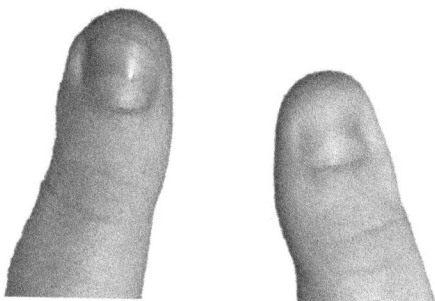

Abb. 8, Tochter

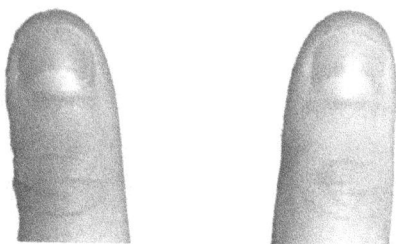

Abb. 9, Sohn

5 Schematische Darstellung der Formen

Nachstehende Beschreibungen sind nur eine Auswahl der möglichen Formen. Geringe Abweichungen dazu sind eventuell denkbar.

Der Daumennagel zeigt sich sehr unterschiedlich – rechteckig bis oval, quadratisch bis rund und in entsprechenden Variationen.

Eigenschaften *bei geraden seitlichen* Rändern:

Zielbewusst, einer Richtung nachgehend, stur, rechthaberisch, auf seinem Standpunkt bestehend, wenig Einsicht, fährt wie auf einem Gleis, wenig tolerant, will die eigenen Vorstellungen durchbringen, egal ob richtig oder falsch. Die Meinung Dritter wird meist nur bei sehr guten Argumenten der Gegenseite akzeptiert, falls diese überhaupt angehört werden. Gut in seinem Fachbereich (unerheblich, ob handwerkliche oder geistige Tätigkeit). Ist in sich begrenzt, steht sich durch die eigene Sturheit oft selber im Weg, blockiert sich. Tendiert dazu, sich im Detail zu verzetteln.

UND ZUSÄTZLICH **GERADER OBERER UND UNTERER LINIE:**

Deckelt und begrenzt

Abb. 10

EIGENSCHAFTEN BEI **SEITLICH GERADEN, SCHRÄG NACH OBEN LAUFENDEN** RÄNDERN (SPATELFÖRMIG):

Die Eigenschaften ähneln denen der geraden Linie, allerdings wird der Umgang mit diesen Menschen deutlich einfacher, sie sind toleranter, einsichtiger, offener, für Argumente zugänglicher, akzeptieren die Meinung anderer Personen.

Abb. 11

Eigenschaften bei **seitlich leicht nach aussen gebogener Linie** bis zur ovalen Form:

Umgänglich, offen, tolerant, feinfühlig, verständnisvoll, vielseitig interessiert, Meinung anderer wird zugelassen, erfolgreich im Beruf, ehrgeizig.

Abb. 12

Eigenschaften bei **gebogener oberer bzw. unterer Linie:**

offen, tolerant.

Abb. 13

Je öfter Daumen betrachtet werden, desto unterschiedlicher wird der Eindruck. Sie sind nicht mehr nur schmal und lang oder kurz und kräftig, sondern es werden unterschiedliche Details wahrgenommen. Die Formen des Daumennagels sind unterschiedlich, die Größe des Mondes variiert, das 2. Glied des Daumens ist schmäler als das erste. Ein schmales zweites Glied deutet auf Bewegung und Energie, auf Aktivität hin.

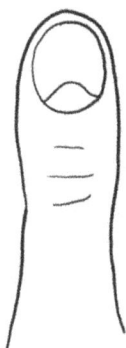
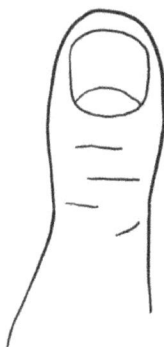

Abb. 14

Abb. 15

Das zweite Glied ist schmäler als das erste.

Die verschiedenen Kombinationen der seitlichen, oberen und unteren Linien beschreiben somit die Eigenschaften einer Person.

_____

BEISPIELE:

Seitliche und obere Linie gerade, untere Linie gebogen –
ein ziemlich beharrlicher Mensch, der jedoch bereit ist,
mit sich reden zu lassen.

_____

Gebogene Linien in allen Bereichen (ovaler Eindruck) –
zeigt einen offenen, diskussionsbereiten Menschen, der
jedoch seinen Standpunkt vertritt.

6 DER MOND

Wie Sie aus den folgenden Abbildungen ersehen können, sind die Formen des Mondes verschieden ausgeprägt.

Der Mond sagt Ihnen, wie zugänglich, verschlossen, verschwiegen, introvertiert oder extrovertiert die Person ist, der Sie gerade begegnet sind.

Ein großer oder hoher Mond kann auf einen zugänglichen Menschen hinweisen, aber auch auf eine Person, die gerne über sich und andere plaudert, aber auch auf einen verschwiegenen Menschen. Das ist abhängig vom Ansatz des Mondes am Daumennagel. Dieser Mensch kann auch gut zuhören.

Ein kleiner Mond kann bedeuten, dass es sich um einen introvertierten Menschen handelt oder um einen verschlossenen, welcher oft von außen her nicht zugänglich ist oder auf seiner Meinung beharrt.

In diesem Zusammenhang spielt die Grundform des Daumennagels eine Rolle, um den Mond richtig interpretieren zu können.

6.1 Der *kleine* Mond

ist vorwiegend flach ausgebildet und beginnt bzw. endet im ersten bzw. letzten Drittel der Grundlinie des Daumennagels und ist an der äußersten Ausdehnung zwischen 1 und 2 mm hoch. Selbstverständlich kann sich die Höhe nach oben hin ausdehnen, aber der Mond wird bei ca. 3 mm noch immer klein erscheinen. Allerdings ändert sich mit der Höhe auch die Aussage über die Person. Eher selten beginnt der kleine Mond an der seitlichen Linie des Daumennagels.

Menschen mit einem kleinen Mond sind meist introvertiert, ruhig, zurückgezogen, verschwiegen und reden wenig, wollen lieber ihre Ruhe haben.

Je „größer" der kleine Mond ist, umso mehr wird auch gesprochen. Es darf dies jetzt nicht so verstanden werden, dass diese Menschen überhaupt nichts reden, aber es ist nicht ihre Sache, stundenlang im Kaffeehaus zu sitzen und zu plaudern. Wenn sie es tun, dann mit jemandem, mit dem sie sich gut verstehen und wo es für sie sinnvoll und effizient erscheint. Andernfalls wäre es ihnen schade um die Zeit.

Nachfolgend die schematische Darstellung eines kleinen Mondes (Abb. 16) sowie Abb. 17, kleiner Mond, und Abb. 18 eine Variation dazu.

Schematische Darstellung des kleinen Mondes, Ansatz auf der Grundlinie des Daumennagels.

Abb. 16

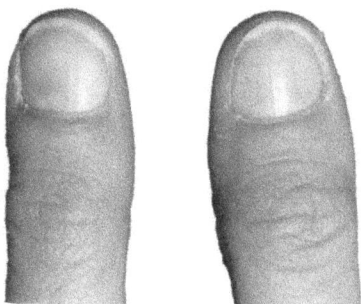

Abb. 17 – kleiner Mond

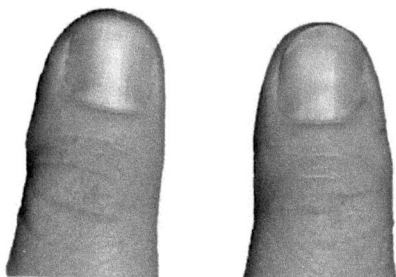

*Abb. 18 – kleiner Mond und Variation,
der Mond des rechten Daumens ist höher ausgebildet*

6.2 **SPITZER** MOND

entspringt von der Grundlinie oder aus den Ecken des Daumens, geht spitz nach oben und wird als dreieckige Form wahrgenommen. Die Spitze weist darauf hin, dass dieser Mensch zuhören kann und für vieles offen ist. Je „abgeflachter oder abgerundeter" die Spitze ist, desto „ungeduldiger" ist diese Person. Der Beginn des Mondes aus der Ecke bzw. Grundlinie zeigt Verschwiegenheit.

Abb. 19   *Abb. 20*

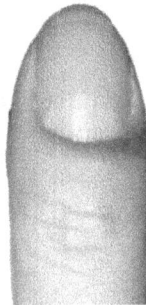

Abb. 21 – spitzer Mond
(sehr deutlich ausgeprägte dreieckige Form)

6.3 *Abgeflachter* Mond

Die Spitze ist abgerundet, abgeflacht. Sie haben die Ansätze des spitzen Mondes, doch sie haben weniger Geduld und hören nur dann zu, wenn sie es wollen bzw. wenn ein Thema sie interessiert.

Abb.22   *Abb. 23*

abgeflachter, abgerundeter Mond

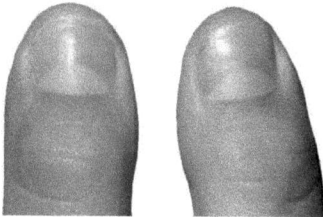

Abb. 24 – abgeflachter Mond

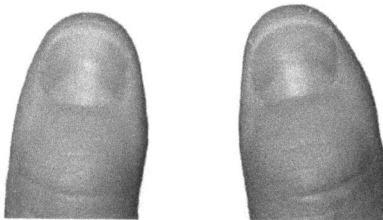

Abb. 25 – abgeflachter Mond linker Daumen,
Tendenz zur Spitze rechter Daumen

6.4 *HOHER* ODER *GROSSER* MOND

beginnt großteils seitlich am Daumennagel und hat die größte Ausdehnung – dieser Mensch ist offen, hört zu, interessiert sich für andere, ist sehr mitteilsam.

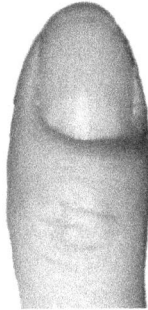

Abb. 26

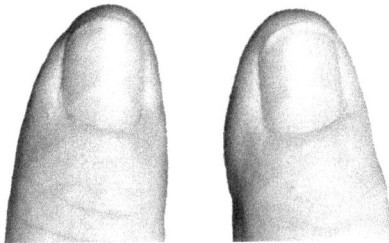

Abb. 27 – großer Mond

Die mit dem Daumen in Verbindung stehenden Aussagen treffen auf das Eigenste, das Innerste des Menschen zu. Das ist so zu verstehen, dass ein introvertierter Mensch (kleiner Mond) durchaus in der Öffentlichkeit stehen kann, aber über sein eigenes Ich werden Sie schwerlich etwas in Erfahrung bringen. Informationen erhalten Sie leichter von jenen Personen, die der/dem Betroffenen nahestehen.

Haben Sie nun einen Menschen vor sich, dessen Daumennagel mit einem großen Mond versehen ist, so bekommen Sie von diesem Menschen wesentlich leichter Informationen über sich bzw. sein Ich.

Bei genauerem Hinsehen werden Sie feststellen, dass der Ansatz des Mondes unterschiedlich ist. Als Maß nehmen Sie die Ecke des Daumennagels. Der Mond beginnt auf der Grundlinie, in der Ecke, oberhalb der Ecke.

Befindet sich der Ansatz des Mondes auf der Grundlinie bzw. bis hin zur Ecke des Daumennagels, so können Sie mit der Verschwiegenheit dieser Person rechnen; je weiter sich der Ansatz des Daumennagels auf der seitlichen Linie zeigt, desto lieber plaudert dieser Mensch. Setzt der Mond in der Ecke bzw. ganz unten an der Seitenlinie an, so ist dieser Mensch bereit zu reden, wird auch über Dritte etwas erzählen, aber trotzdem noch die Diskretion bewahren. Beginnt der Mond allerdings auf der Seitenlinie, so können Sie sicher sein, dass Sie nicht nur das Eigenleben dieses Menschen erfahren werden, sondern das seiner nächsten Verwandten und Bekannten und der Nachbarschaft dazu. Es passiert dies nicht in böser Absicht, es ist einfach deren Naturell.

In der Zwischenzeit haben Sie sicherlich Ihre eigenen Daumennägel betrachtet und dabei festgestellt, dass sich die beiden voneinander unterscheiden. Macht nichts. Der linke Daumennagel zeigt Ihnen Ihre Veranlagung, der rechte Ihre Entwicklung. Sie werden im Laufe der Zeit feststellen, dass sich immer wieder Veränderungen zeigen. Selbstverständlich können Sie sich über Ihre Veranlagung hinaus entwickeln.

Manchen fällt es eben leichter, etwas zu erreichen, manche haben sich wesentlich mehr anzustrengen, um zum gleichen Ergebnis zu kommen. Manche sind handwerklich geschickt, für andere wird das Wechseln einer Glühbirne zum Weltproblem, dafür können sie perfekt geistige Aufgaben lösen.

Der Einfluss der Umwelt, der Umgang mit Menschen, die Förderung und Forderung durch Dritte, die Ansprüche im Beruf – all das formt Sie in dem Ausmaß, in dem Sie es zulassen oder ablehnen. Diese Veränderungen zeigen sich überwiegend am Mond des Daumennagels. Dieser Vorgang kann Monate, wenn nicht gar Jahre dauern.

7 ERKRANKUNGEN

Im Lehrbuch „Handdiagnostik" von Irmgard Wenzel wird beschrieben, welche Rückschlüsse aufgrund von Nagelformen und Nagelkennzeichen auf Krankheiten möglich sind.

Aber nicht nur Krankheitsbilder zeigen sich an den Daumennägeln, sondern auch Eigenheiten des Menschen sind ersichtlich.

Selbstverständlich ist es angenehmer, einen gepflegten, schön geformten Nagel zu betrachten als einen durch Arbeit oder Verletzung beeinträchtigten, zerfransten oder verfärbten Nagel.

Krankheitsbilder an den Nägeln lassen trotzdem eine Beurteilung des Charakters zu, sofern diese nicht gravierend verformt sind.

Wesentliche Verformungen der Daumennägel aufgrund von z. B. Erkrankungen verändern die Grundstruktur. Diese Nägel lassen sich daher den „Mustern" nicht zuordnen.

Es kommt zu Verzerrungen oder Verschiebungen wie z. B. beim Papageienschnabelnagel oder beim Löffelnagel. Es verändern sich Form und Größe des Mondes, der Nagel liegt nicht eben im Nagelbett. Es verändert sich somit das Gesamtbild.

8 VERFORMUNGEN

Schwierig, wenn nicht unmöglich wird die Beurteilung bei Verformung des Nagels, da der Rückschluss zur Aussage von „normal" geformten Nägeln fehlt.

Manche Erkrankungen (siehe Abb. 28) verändern den Nagel dermaßen, dass ein Erkennen der Form des Daumennagels oft unmöglich wird, und deshalb lässt sich der Mond nicht mehr erkennen.

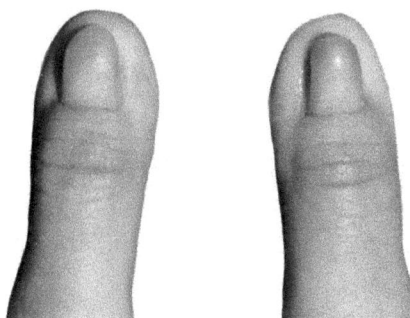

Abb. 28 – verformter Nagel

Verformung des Nagels und Änderung der Nagelstruktur bzw. Farbveränderung des Nagels – ein Erkennen des Mondes ist nicht möglich.

9 BEISPIELE VON DAUMENANALYSEN MIT ZUSAMMENFASSUNG

Auf den folgenden Seiten finden Sie eine ausführliche Analyse eines Daumens.

Die weiteren Daumen werden in einer Kurzbeschreibung (= Zusammenfassung) beschrieben.

Wenn Sie selbst analysieren wollen, dann nehmen Sie die schematischen Darstellungen als Hilfe zur Hand und versuchen damit die Umrisse der einzelnen Daumen zuzuordnen, desgleichen gilt für den Mond. Schreiben Sie Ihre Ergebnisse auf und vergleichen Sie sie. Sie werden staunen, welches Ergebnis Sie mit ein bisschen Übung erhalten werden.

HAFTUNGSAUSSCHLUSS:
Es wird keinerlei Haftung bzw. Verantwortung für Taten oder Handlungen bzw. Interpretationen übernommen.

9.1 Beispiel 1

Hier zeigt sich eine feingliedrige, zarte Hand mit einem wohlgeformten, ovalen Daumennagel, welche nachstehenden Rückschluss zulässt:

Eine kluge Person, geduldig, leidensfähig, ohne aggressiv zu werden, großgewachsen (Frau über 172 cm, Mann 175–180 cm), schlank.

Liebt ein Aufgabengebiet, wo eigenständig gearbeitet werden kann, allerdings ohne allzu viel Verantwortung für andere Personen. Verantwortung nur für die eigene Tätigkeit. Als Lehrperson vorstellbar, aber nicht als Abteilungsleiter in einer größeren Firma, wo eine größere Zahl an Mitarbeitern geführt werden soll. Erledigt die Arbeiten ordnungsgemäß, liebt aber Vorgaben in Bezug auf Aufgabenstellung. Ist im Betätigungsfeld erfolgreich. Kann auch im geisteswissenschaftlichen Bereich tätig sein, z. B. in der Forschung, wo sie alleine vor sich hinarbeiten kann.

Will weniger Teamarbeit, kann aber mit anderen zusammenarbeiten, allerdings in geringerer Zahl (einfach, ohne Anstrengung überschaubar), eventuell auch künstlerisch tätig.

Hat teilweise Schwierigkeiten, die eigenen Interessen durchzubringen, auch in der Familie, da es oft an der Kommunikation scheitert, weil man sich nicht traut, mit den eigenen Forderungen zu kommen, bzw. aus Angst, aufdringlich zu sein. Braucht meist jemanden neben sich, der in der Gesellschaft anerkannt ist, und profitiert davon, da selber dies aus mangelndem Selbstvertrauen nicht erreicht wird, mit 2. Person an der Seite (Rückenstärkung) gelingt dies gut. Bekommt eher Magen- oder Herzbeschwerden oder Verdauungsprobleme, bevor der Ärger so richtig von sich gegeben wird, was auf die Leidensfähigkeit zurückzuführen ist. Gestritten wird nur dann, wenn absolut kein anderer Ausweg mehr möglich ist oder dies zur Verteidigung der eigenen Person unerlässlich ist. Lässt sich aber viel gefallen, bevor es so weit kommt. Flieht lieber, bevor man sich den Problemen stellt und es zum Streit kommt, versucht durch Nachgeben eine Lösung zu finden.

In der Familie weniger dominant, weiß aber trotzdem, was die Person selber will, allerdings wird dies nicht aggressiv durchgesetzt, hat gutes Auftreten, kann gut lehren oder unterrichten. Hat mehr Selbstvertrauen bei Kindern als bei Erwachsenen, was jedoch nicht notwendig wäre. Könnte auch gut vor erwachsenem Publikum unterrichten.

ZUSAMMENFASSUNG:

Dieser Person fehlt das notwendige Selbstbewusstsein, was absolut nicht notwendig wäre, ist introvertiert auf die eigene Person bezogen (Mond aus der Ecke), erzählt aber doch auch von sich und eigenen Erlebnissen, allerdings nicht das Innerste. Ist offen für andere (hohe Mondspitze), kann zuhören und ist verschwiegen (Mond aus der Ecke), gibt sich mit dem zufrieden, was vorhanden ist, will aber Anerkennung für die erfolgreiche Tätigkeit im Beruf. Lässt sich mit Lob beflügeln und engagiert sich dann. Feinfühlig, sensibel, künstlerisch.

9.2 Beispiel 2

ZUSAMMENFASSUNG:

ein positiver Mensch, der hohe Anforderungen an sein Umfeld stellt, aber auch viel Verständnis für andere hat, sehr gute Führungspersönlichkeit, für Managerposition geeignet, Probleme sind zum Lösen da.

Der relativ rund geformte Daumennagel deutet auf Offenheit hin, auch in Bezug auf Neuheiten, allerdings auch auf Durchsetzungsvermögen. Der kleine Mond, im Eck des Daumens angesetzt, bedeutet introvertiert in Bezug auf die eigene Person. Durch den Ansatz des Mondes im Eck des Daumennagels kann auf Verschwiegenheit geschlossen werden. Die schmale Form des zweiten Gliedes des Daumens und das breite Endglied zeigen die Zielstrebigkeit sowie das Durchsetzungsvermögen. Das Endglied zeigt auch die Harmonie und die grundsätzliche Ausgeglichenheit.

9.3 BEISPIEL 3

ZUSAMMENFASSUNG:

Ein bodenständiger, einfacher, hilfsbereiter Mensch, der die manuelle Arbeit lieber hat, geistig nicht allzu belastbar ist, eher kindliche Schrift, da dieser Mensch wenig mit dem Schreiben zu tun hat. Auf seinem Arbeitsgebiet gut und verlässlich. Eher bescheiden, stellt keine allzu großen Ansprüche, außerhalb der Arbeit jedoch nicht immer 100%ig verlässlich. Hat seine eigene Meinung und verfolgt diese auch. Wenn andere nicht zustimmen, wird diese Person trotzig und sieht nicht ein, warum ihrer Meinung nicht zugestimmt wird. Ist dann auch schwer zu überzeugen (uneinsichtig). Sie fühlt sich dann von den anderen nicht verstanden. Wenn sie sich der Lage nicht mehr gewachsen fühlt, kann sie sehr zornig (auch jähzornig) werden und beginnt auch Streit, um sich durchzusetzen. Oft wird der Streit nicht ausgefochten, sondern die Person „flieht", indem sie den Raum auch tatsächlich verlässt. Liebt eine sichere, bekannte, gewohnte Umgebung.

9.4 BEISPIEL 4

ZUSAMMENFASSUNG:

Ein angenehmer Mitmensch, der wenig Probleme macht und immer alles von der positiven Seite sieht, auf die eigenen Vorteile bedacht, dabei aber niemanden verletzt, stellt sein Leben für sich in den Mittelpunkt und stimmt es auf die eigenen Bedürfnisse ab, wobei es ihm wichtig ist, sich dabei wohlzufühlen. Sieht nichts tragisch. „Fällt immer wieder auf die Füße". Vorwürfe von anderer Seite werden damit abgetan, dass alles nicht so schlimm ist und man sich besser nicht darüber aufregt, das kostet nur Nerven.

10 FAZIT

Grundsätzlich gibt die Daumenform Auskunft über den gesunden Menschenverstand, die Klugheit, die Weisheit bzw. Schläue eines Menschen.

Im Zusammenhang mit der Betrachtung von Daumennägeln, Daumenformen und Monden gibt es einfach Grundzüge, die Aufschluss über bestimmte Fähigkeiten, Möglichkeiten und Merkmalen von Menschen geben.

Die angeführten Beispiele zeigen die groben Strukturen, und es sind Variationen in jeder Richtung möglich, wobei die Grundaussagen gegeben sind. Diese können dann entsprechend erweitert bzw. ergänzt werden.

Die Mondformen sind im Grundsatz ebenfalls definiert. Abweichungen werden als solche erkannt und angepasst.

Je kleiner der Mond, desto zurückgezogener, introvertierter und verschlossener ist der Mensch. Er beschäftigt sich mit sich selber und hat wenig Interesse an anderen, ausgenommen sehr guten Freunden und Familie.

Je größer der Mond, umso offener ist das Gegenüber, und setzt der Mond in der Ecke an, so ist dieser Mensch meist auch verschwiegen.

Je spitzer bzw. zur Mitte hin ausgeprägter der Mond ist, desto mehr wird dieser Mensch Ihnen zuhören.

Je weiter seitlich der Mond ansetzt, desto mehr wird dieser Mensch seiner Umwelt erzählen. Diese Personen müssen sich einfach mitteilen und wissen immer viel zu erzählen, kennen die letzten Neuigkeiten. Sie nehmen dabei kaum Rücksicht darauf, ob sie dabei auch Dinge, die sie besser verschweigen sollten, erzählen.

Neben den großen beschriebenen Daumenformen und Monden gibt es jede Menge Abweichungen und Variationen; trotzdem wird man immer wieder feststellen, dass sich die Grundformen wiederholen.

Mit der Zeit lernt man diese Abweichungen entsprechend zu verstehen, wie z. B. beim kleinen Mond bezüglich Introvertiertheit eben diese abzuschwächen und dafür etwas mehr Offenheit zu erkennen.

Betrachten Sie die Daumen Ihrer Mitmenschen, werden Sie feststellen, dass Sie immer wieder auf ähnliche oder sogar gleiche Daumenformen und Daumennägel stoßen. Daraus können Sie wiederholt die Grundzüge Ihres

Gegenübers erkennen. Die Feinheiten erkennen Sie dann am Daumennagel und an der Form des Mondes.

Beobachten Sie Ihren Bekanntenkreis und Sie werden feststellen, dass es immer wieder Gleichheiten oder Ähnlichkeiten gibt.

Je öfter Sie dies beobachten, je mehr Erfahrung Sie haben, umso sicherer können Sie Ihr Gegenüber einschätzen. Je länger Sie sich damit beschäftigen, umso sicherer werden Sie im Umgang mit den Erkenntnissen werden.

Selbstverständlich können Sie immer wieder auf Menschen treffen, die Sie nicht sofort „durchschauen". Lassen Sie sich nicht verunsichern. Nehmen Sie Ihre bereits erarbeiteten Erfahrungen und gehen Sie schrittweise vor. Vielleicht kommen Sie dieses Mal nicht auf ein 100%iges Ergebnis, aber einen Versuch war es allemal wert.

Anzumerken ist, dass bei den Beschreibungen immer auf die inneren Werte abgestimmt wird, nicht auf das Auftreten oder das Sich-Bewegen in Gesellschaft oder berufsbedingten Erfordernissen. Es kann schon sein, dass Sie einen introvertierten Menschen treffen, welcher offen auf Sie zugeht. Aber Sie werden mit ihm über das Wetter reden, vielleicht auch noch über den Beruf, wie es sich gehört, deswegen haben Sie noch lange keinen Zugang zu seinen Gefühlen oder zu seinem Innersten.

Genauso gut können Sie auf einen Menschen treffen, der genauso offen auf Sie zugeht und auch tatsächlich offen ist, also Ihnen auch sein Innerstes sofort auf dem Tablett servieren wird.

Es ist immer wieder der persönliche, subjektive Eindruck, ob ein Mensch sympathisch ist oder nicht. Nur – es gibt vielfach Hilfsmittel, wie zum Beispiel die Körpersprache, welche ein Erkennen des Gegenübers ermöglichen.

11 Ausblick

Daumennägel können sich verändern. Es gibt Grundveranlagungen, welche wir ererbt haben, und diese sind unter anderem auch an den Daumennägeln ersichtlich. Werden nun Personen gefördert und gefordert, so entwickeln sie sich weiter und diese Veränderungen können sich auch an den Daumen und Daumennägeln zeigen.

Selbstverständlich wird man aus einem handwerklich veranlagten Menschen keinen Wissenschaftler machen – lernen und erweitern des Wissens im Rahmen der Möglichkeiten. Dass Veränderungen nicht in kurzer Zeit passieren, ist klar, dies ist mittel- bis langfristig zu sehen.

Derzeit gibt es noch keine Vergleiche in Bezug auf Unfallopfer mit Schädigung des Gehirns. Inwieweit ändert sich das Gehirn, inwieweit wird dies am Daumen sichtbar? Diese Studien sind nur in Zusammenarbeit mit einer Unfallklinik und/oder Reha-Zentrum denkbar und bis dato nicht erfolgt.

Ebenso fehlen in diesem Zusammenhang noch Erkenntnisse in Bezug auf geistig und/oder körperlich behinderte Menschen, wobei zu unterscheiden sein wird, ob es sich um angeborene oder erworbene (z. B. durch Unfall, Krankheit etc.) Behinderungen handelt.

Diese und noch weitere Studien stehen an, die neuen Erkenntnisse gebe ich gerne weiter.

Die vorliegende Arbeit stellt keinen Anspruch auf Vollständigkeit.

Milton Keynes UK
Ingram Content Group UK Ltd.
UKHW030758121124
451094UK00014B/1090